من عيون الشعر العالمي

قصائد مترجمة

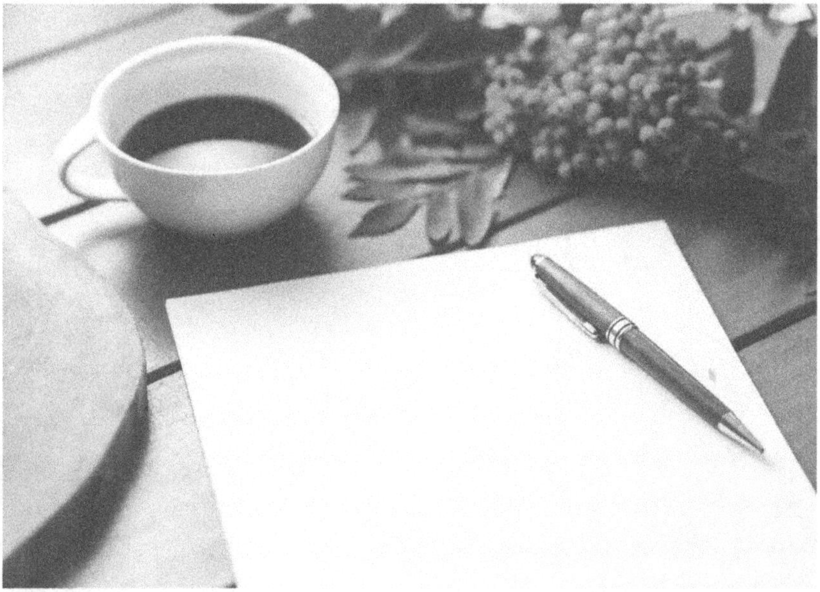

ترجمة

عبد الهادي السايح

إلى

خليفة

قصائد مترجمة

من عيون الشعر العالمي

ترجمة عبد الهادي السايح

المحتويات

Copyright Page

قصائد مترجمة

First edition. May 31, 2024.

Written by Abdelhadi Saiah.

آرثر رامبو [1]

1 ـ آرثر رامبو (1854 ـ 1891)، الشاعر الفرنسي المشهور. بدأ رامبو مسيرته الشعرية مبكراً غير أنه سرعان ما ترك الكتابة وسافر إلى الشرق، حيث تورط في مجموعة من التجارب والمغامرات.

و على الرغم من تألقه الأدبي، كانت حياته الشخصية مضطربة.عاش رامبو حياة الترحال والتجوال في الآفاق البعيدة، وانتهى به المطاف إلى فرنسا حيث مات في سن صغيرة ليستمر إرثه الأدبي و ليترك بصمة لا تُنسى في الأدبين الفرنسي والعالمي.من أهم أعماله الشعرية: المركب النشوان، موسم في الجحيم، الإضاءات، بوهيميتي، ما بعد الطوفان..

المركب النشوان

وانطلقتُ

ممتطيا سيولاً لا تبالي..

ما عدتُ أحس بالحبال تتجاذبني

يشدها عمالُ المرفأ

كانوا هناك

وقد اتخذهم بعضُ أوباش الهنود الحمر

أهدافا

بعدما قيدوهم عراةً إلى أعمدة الألوان...

لم أكترث للطاقم

من حمَلةِ القمح الفلامي

أوالقطن الإنكليزي..

عندما انتهى ذلك الشغب وغاب العمال معه عن

ناظري

تركتني السيول أهوي إلى حيث أشاء..

بين تلاطم الأمواج الغاضبة

جريتُ ذاك الشتاءَ

بعناد أعتى من عناد

الأطفال،

لم تشهد الجزر العائمة هرجا أكثر اصطخابا من

ذلك،

وباركت العاصفةُ استفاقتي البحرية..

وكأخفّ من سدادة

رقصتُ فوق الأمواج

،تلك الأيدي الأبدية التي تدحرج ضحاياها، كما

يقال،

عشرَ ليالٍ

دونما شوق إلى عين الأنوار الساذجة

تلوح من المرافئ،

جريتُ..

تسربت المياه الخضراء إلى هيكلي الصنوبري

أعذبَ من طعم التفاح الحامض في فم الأطفال..

مطهرةً بقعَ الخمر الزرقاء والقيء

رجّتني، بعثرتْ الدفة والمرساة..

منذ ذلك الحين وأنا أستحم في قصيدةِ البحر

تتخللها النجومُ،

حليبيةِ اللونِ،

تلتهم البقعَ اللازوردية المائلة إلى الخضرة

أينَ ترى أحيانا

غريقا شاردَ الذهن

تلفه هالة صفراءُ

مُمتقَعة،

يرسب إلى القاع

وهو مسرور..

هناك أين يضفي الزرقةَ فجأةً

الهذيانُ والإيقاع البطيء

تحت وهج النهار،

زرقةٌ أعتى من الخمر و أرحبُ من أنغامنا،

تختمر صهبة الحب المرّة.. هناك،

شهدتُ انشقاقَ السماوات بالبرق

والأعاصيرَ واكتساحَ الأمواج المرتدة،، والتيارات..

شهدتُ المساءَ

والفجرَ العُلوي مثلَ شَعبٍ من الحمام

ورأيت أحيانا ما ظن الإنسان أنه رآه..

رأيتُ الشمسَ

يخامرها رعبٌ غامض في الزوال

تمد أشعتَها جلطاتٍ وردية طويلة

مثل الممثلين في مسرحيات درامية عتيقة

الأمواج تندفع بارتجاجاتها المصطفقة راجعة إلى

المدى..

حلمت في الليل الأخضر بالثلوج يبهرها الضياء

بالقُبلة الصاعدة إلى عين البحر، رويدا رويدا

بجَيَشان قوى لا نظير لها

بصحوةٍ زرقاء مصفرّة للفسفور المغرِّد،

اتبعتُ لأشهرٍ كاملة

الأمواجَ الهائجة

وهي تجتاح أرصفة الصخور في جنون

كقطعان البقر الهستيرية،

لم أحسَب أن سيقان الضياء المريمية

قد تصد خياشيمَ المحيطاتِ الناخرة،

اصطدمتُ، فاعلموا، بمروجٍ عجيبة،

أين تختلط الأزهارُ بعيون الفهود في جلود البشر

وتتدلى،تحت آفاق البحار،

أقواسُ قزح كأعنة

خيولٍ خضراءَ

تخالطها الزرقة..

شاهدت السبخاتِ الهائلة تختمر..

شِباكٌ يتعفن في طياته الطحلبية حوتٌ ضخم،

شاهدتُ انهيارَ المياه وسْط هدأةِ العباب

والمسافاتِ البعيدة ترتمي إلى أعماق الهاوية...

أنهار الجليد، شموس فضية، أمواج منْ لؤلؤ،

سماوات منْ شواظ

حطام سفن مشوهة..في أعماق الخلجان البنية،

حيث الثعابين العملاقة التي يلتهمها الأَرَضُ[2]

تتساقط، كالأشجار الملتوية،

بعطورها السوداء..

وددت لو أُري الأطفال تلك الحيتان

حيتانَ الموجة الزرقاء،

تلك الحيتان الذهبية، الصادحة..

هدهدَ زبدٌ من الزّهر انسيابي

وأعارتني رياحٌ يفوق عتوها الوصفَ أجنحتها في

بعض الأحيان..

2- الأرَضُ، جمع أَرَضة حشرة تأكل الخشب

وأحيانا، مثل شهيدٍ تعِبٍ من الأقطاب والمناطق

يرفع البحرُ الذي كان شهيقه

سريريَ المتمايح العذبَ،

إليّ أزهارَ الظلال بكؤوسها الصفراء..

ارتحتُ ثمة مثلما امرأةٍ تجثو على ركبتيها،

مثلما جزيرةٍ، تتمايلُ على ضفاف العراك

وذرْقِ الطيور الناعقة

ذواتِ العيون الصهباء،

لمحتُ خلالَ أشرعتي الهشة وأنا ماضٍ

الغرقى يسبحون راجعين إلى النوم في الأعماق..

كذاكَ أنا

المركب المضاع تحت ضفائر الخلجان

رمتني العاصفة إلى أثير خالٍ من الطيور

أنا الذي لا تقدر السفن

على انتشال

جثته السكرى من الماء..

أضحيت حرا،

تتصاعد مني الأبخرة ويلفني ضباب وردي

أنا.. مَن اخترق السماء المحمرّة كالجدار

و مَن يحمل الخواطر الرقيقة إلى قرائح الشعراء

عَذَبَ الشمسِ مع هلام سماوي الزرقة، [3]

مَن جرى، تبرقعه أهِلّة كهربائية،

خشبة مجنونة

ترافقها أحصنة البحر الماردة، السوداء

3ـ العَذَب، ما يعلو الماءَ من طحالب

حينما كانت أشهر تموز تُغرق بهراواتها

الآفاقَ الزرقاءَ الداكنة، اللماعة

في أقماعٍ لاهبة..

أنا الذي ارتجفتُ..لسماعي أنين الوحوش الهائجة

على بعد خمسين فرسخا

والدواماتِ الهائلة

تلك التي تحيكُ زرقة البحار الأبدية،

أحن إلى أوربا ومتاريسها القديمة..

رأيت أرخبيلاتٍ من النجوم وجُزراً

تتفتح آفاقها المجنونة للملاح

أفي هذه الليالي، ليالٍ بلا أعماق تنامين وتنزحين؟

يا ملايين الطيور الذهبية،

يا حياة المستقبل ؟

نعم بكيتُ كثيرا، فكل فجر كئيب

وكل قمر قبيح و كل شمس مُرّة

ملأتني حدة الحب بخدَر نشوان

فليتحطم هيكلي، ولأغرقْ..

لو كنتُ مشتاقا إلى بعض مياه أروبا

لشاقتني بركةٌ سوداء باردة

يقبع على حافتها طفلٌ يملأ جوانحَه الأسى

ليرسلَ زورقا أرق وأوهن من فَرَاش ماي

إلى الشفق الشذي..

ما عدتُ أستطيع الاستحمام في خَدَركنّ

ونصالكنّ

أيتها الأمواج الزجاجية

أو أقتفي سبلَ السفن المشحونة بالقطن

ما عدت أقدر أن أعبر ساحات الفخر برايات

وأعلام مرفرفة

أو أسبح تحت أعين الجسور العائمة، الرهيبة..

* *

النائم بالوادي

وروضةٍ خضراءَ يترنَّم فيها النهر

متشبثا كالمجنون بأكمام العشب الفضية

تطلّ الشمس من الجبل الشامخ

ساطعة الأنوار

فيندفق زبد الضياء

في ذلك الوادي الصغير

هناكَ

جندي يرقد

فاغرا فاه، رأسه حاسر

و رقبته تسبح في حرف الماء الأزرق

تمدّد على العشب

تحت غيمةٍ تمدّد

شاحبَ الوجه

فوق سريره الأخضر

أين يهطل الضياء

يرقد ورجلاه في السوسن

باسما كما طفلٍ عليل

استسلم للنوم

هدهديه أيتها الطبيعة الحانية

فالبرد يكتنفه

لا يتجاوب لارتعاشة الشذى نفَسه

في الشمس يرقد

في سلام يرقد

يده على صدره

و بجنبه الأيمن

ثقبان يدميان.

غيوم أبولينير

4-غيوم أبولينير 1880 ـ 1918 شاعر كاتب وناقد فرنسي من أصل بولوني، واحد من أهم شعراء مطلع القرن العشرين و من رواد الحداثة والمنظرين لها، إليه يعزى ابتدا ع لفظة "السريالية" التي مهد لها الطريق وأعلن عن ميلادها ، و كذا النزعة التكعيبية في الفن مع صديقه بيكاسو. اعتمد الكتابة الشعرية غير التقليدية أي برسم كلمات القصيدة أشكالا فنية مختلفة، اسمه الحقيقي ولهام أبوليناريس دي فاس كوتسروفيسكي، ولد بروما، لأب يُعتقد أنه إيطالي، تلقى تعليمه الأولي في مونا كو ثم هاجر إلى فرنسا عام 1899م
تجول في هولندا والنمسا بين 1901 ـ 1903 ليستقر به المقام مرة أخرى في باريس فيرتاد دوائرها الفنية والأدبية و يصاحب أبرز وجوهها مثل بيكاسو و دوران، نشر عددا من المقالات النقدية،

الأشعار والقصص في الصحف، غير أن شهرته كناقد طغت على مواهبه الأخرى،

ظهرت أول مجموعة شعرية له "الساحر المتهالك" سنة 1908 ،

تلتها مجموعته الشعرية الأبرز " كحوليات" عام 1913 ، جمع فيها خلاصة فنه وزبدة نتاجه الشعري و مزج فيها

بين الرمزية والصور الحداثية والأسلوب التقليدي

من أشهر أعماله الشعرية قصيدته "جسر ميرابو" و "إنها تمطر"،

التحق بالجيش الفرنسي مع بداية الحرب العالمية الأولى أملا في الحصول على الجنسية الفرنسية

غير أنه أصيب في رأسه، ولم يلبث أن مات. طبع عدد من أعماله بعد موته

إنها تمطر

تُمطر أصوات نساءٍ كأنهن متن حتى في الذكرى

وأنت أيضا تمطرين، يا شغف حياتي الرائع، أيتها

القطرات

وهذه الغيوم الهائجة

تصهل عالما من مدن النبض

أنصت .. أتمطر بينما يعزف الأسف والازدراء،

أو بينما يبكيان، موسيقى عتيقة

أنصت إلى الأواصر التي تشدك إلى السماء و إلى

الأرض وهي تتهاوى.

* *

جسر ميرابو

تحت جسر ميرابو يجري نهر السين
وحبُّنا
أعليه أن يذكرني
أن السرور يأتي دوما بعد المشقّة،

يأتي الليلُ، تدق الساعة
تمضي الأيام وأبقى

يداك في يدَيّ
فلنمكث وجها لوجه
بينما .. تحت جسر أذرعنا تمضي
نظراتنا الأزلية موجةً تعبة

يأتي الليلُ، تدق الساعة
تمضي الأيام وأبقى

يمضي الحب مثل هذا الماء الجاري..
يمضي الحب
مثلما أن الحياة بطيئة
وأن الأمل عنيف

يأتي الليلُ، تدق الساعة
تمضي الأيام وأبقى
تمرّ الأيام وتمر الأسابيع
لا الوقت الماضي ولا الحب يرجعان
وتحت جسر ميرابو يجري نهر السين

يأتي الليلُ، تدق الساعة
تمضي الأيام وأبقى

* * *

الشفق

جرفتها ظلال الموتى
على العشب حيث يتضاءل النهار
تعرّت
تلك المهرجة
وأخذت تنظر إلى صورة جسدها في البركة:
شفق دجّال
يفخر بحيله التي سيعرضها،
السماء بلا لون
مزخرفة
بأنجم شاحبة كالحليب
وعلى خشبة المسرح
يحيي ذلك المهرج المُمتقَع مشاهديه:
سحرة جاؤوا من بوهيميا، جنيات وبعض
المشعوذين،

قطف نجما

عرضه بذراعه الممدودة

بينما .. كان رجل مشنوق

يقرع أطباقا نحاسية ،صاخبة الرنين، برجليه

يهدهد الأعمى طفلا جميلا

تمر الظبية و أطلاؤها

يشاهد القزم بحزن

ذلك الدجال الهرمسي وهو يكبر ويكبر

* *

برسي بيش شيلي

---

5 ـ أحد أبرز الشعراء الإنكليز، ولد عام 1792.

التحق بجامعة أوكسفود عام 1810م غير أنه طرد منها في سنته الأولى فغادر إلى اسكتلندا ثمّ إلى سويسرا عام 1814م، مع ماري غودوين زوجته التي كتبت فيما بعد الرواية الخيالية الشهيرة "فرانكستاين"،

كان رفيقه في المنفى الاختياري صديقه الشاعر ذائع الصيت لورد بايرن الذي عرف بنشاطه السياسي أيضا،

بتأثير مباشر من بايرن كتب شالي أولى قصائده الجيدة "نشيد إلى الجمال المعنوي"، عاد الشاعر إلى إنكلترا بعد سنة من رحيله عنها ليستقر في لندن ويكتب بعض القصائد التي لم تلق صدى يذكر في الأوساط الأدبية وإن أُقِر فيما بعد أن بعضها با كورة أعماله المتميزة،

عندما يتحطم المصباح

عندما يتحطم المصباح
يرقد النور هامدا في الغبار
عندما تتشتت الغيمة
يتلاشى ألق قوس قزح
عندما ينكسر الناي

غادر موطنه مرة أخرى إلى إيطاليا عام 1818م حيث عاش متنقلا وأسرته من مدينة إلى أخرى،

كانت الفترة الإيطالية الأغزر إنتاجا في حياته الشعرية القصيرة، والأكثر إزعاجا للنظام السياسي الإنكليزي، تعرّض فيها إلى محاولات اغتيال عدة

انتهت رحلته بغرق مركبه في ظروف غامضة سنة 1822.

من أهم قصائده: أوزيمانديا‌س، رياح الغرب، إلى قُبَّرة، قناع الفوضى.

* *

لا تُذكر أغانيه العذبة
و عندما تنطق الشفاه
تُنسى تلك الهمسات المحبوبة..

وكما أن الموسيقى والجلال
لا يبقيان بعد المصباح والناي
يصمت صدى القلب عن الأغاني
عندما تصمت الروح..
يصمت إلا عن بعض النواح
كنواح الريح في بقايا معبد مهجور
أو كالنحيب
يقرع نعيَ ملاحٍ ميت.

بعدما تختلط القلوب
يغادر الحبُّ عشه المكين
ويبقى الضعيف وحيدا
ليقاسي ذكرى ما كانَ يوما
أيها الحب

يا من تنعى ضعف العناصر كلها
لمَ تختار الأضعفَ
مهدا و سكناً ثم مثوى أخيرا لك؟

سيعصف بك شغفُه
عصفَ الرياح بالغربان في الأعالي
سيسخر منك فصل النور
كالشمس تطل من سماء متلبدة في الشتاء
وعندما تتساقط الأوراق وتهب الرياح الباردة
تبلى كلُّ قشة في عشك
ويطير صقرك إلى موطنه
ليتركك عاريا ،
لتضحي هزُءاً

* *

رياح الغرب

يا رياح الغرب العاتية

يا نفَسَ الخريف، مَن تفر من حضورها

الشفاف

الأوراقُ الميتة ، كالأشباح من أمامِ ساحر..

صفراءَ، سوداءَ، شاحبة، حمراءَ متورمة

جموعٌ موبوءة .. يا من تقودينهم إلى مضجعهم

الشتويِّ المظلم

بذورا مجنّحة، أين يرقدن في البرد و الثرى

كلٌّ كجثة في جدثها حتى

تنفخَ شقيقتك اللازوردية..بوقَها فوق الأرض

الحالمة

لتبعث البراعمَ الناعمة كالقطعان إلى مرعى السماء

وتملأُ الربى والسهولَ بالشذى والألوان الحية..

أيتها الروح الجامحة

التي تمضي إلى كل مكان..أيتها الحاطِمة و النافعة

اسمعي .. اسمعي

أنتِ يا من

تسري في جدولك الغيومُ الطليقة

وسْط اضطراب السماء الشاهقة

سيرَ الأوراق البالية على الأرض

فتهتزُّ أغصانُ السماءِ والمحيطاتِ المتشابكةُ

وتنتشرَ ملائكةُ المطر والبرقِ

هناك

على حافة هبّتِك الزرقاء،

كالشعر الوضاء المنتصب من رأس معنادية

متوحشة، [6]

أو من حافة الأفق الباهتة إلى أعلى المدى..

خصلات العاصفة المقتربة

يا أغنيةً حزينةً تنعى السنة المحتضَرة..التي

ستكون هذه الليلةُ الأخيرةُ

قبةَ ضريحها المسوّرَة بكل قواك مجتمعةً : أبخرة

---

6 - maenad، في الخرافات الإغريقية القديمة، نساء يزعم أنهن حاشية إله الخمر، يرمزن للنشوة والطقوس الجنونية الغريبة.

ينفجر من مزاجها القاسي المطرُ الأسود والنار

والبرَد

اسمعي ..

* *

يا من أيقظتِ بحرَ الروم الأزرق من أحلامه [7]

حيث يرقد تهدهده الجداول البلورية الملتفّة

قرب جزيرة زجاجية هشة في خليج باي [8]

قد رأى في حلمه القصور القديمة

والأبراج ترتجف في صفحة الموج حين

اضطرابهِ

تعلوها الطحالب

7- البحر الأبيض المتوسط.

8 - موضع في إيطاليا فيه بعض الآثار الرومانية الغارقة.

اللازوردية و الأزهار ، جمال يكاد الحس يعجز عن

وصفه..

يا من تتشقق صفحة الأطلسي المستوية وتنقسم

إلى صدوع

لعبورها ..

وفي الأعماق حيث براعم البحر والغابات اللزجة

المكتسية حلةً من الأوراق غيرِ الخضراء، تعرف

صوتك

فترجف و تشحب فجأة من الرعب ناضية ألقها

اسمعي ..

* *

لو كنتُ ورقة ميتة تحملينها

أو غيمة رشيقة تجاريك..

لو كنتُ موجة تلهث تحت جبروتك، وتشاركك

نبض قوتكِ

وإن كانت أقل حرية منك ، يا من لا تجارَينَ في

الجموح

أو لو كنتُ، مثلما كنتُ في صباي

، أيامَ لم يُخيَّل لي التفوقُ على تلك السرعة

السماوية رؤيا أو أشبه،

أقدرُ أن أكون رفيق تجَوالك في الآفاق..

ما كنتُ أبتهل إليكِ كابتهالي في صلاتي هذه ،

في حاجتي الماسة وبلواي..

احمليني مثلما موجةٍ ، ورقةٍ أو غيمة

فإني أتعثر فوق أشواك الحياة .. إني أنزف،

قد أثقلت الأيام وحنت هامة امرئ كان يوما

مثلك

شامخا، نشطا، شَموساً لا يهاب

* *

اجعليني ربابتك مثلما جعلتِ الغابة

ماذا لو كانت أوراقي تتساقط كأوراقها

ستستعير جلبة إيقاعاتك الصاخبة من كلينا

نغمةً خريفية عذبة حزينة

كوني يا روحاً جبارةً روحي

كوني إياي

يا طائشةً قلقة

و انشري خواطري الميتة في أرجاء العالم

مثل الأوراق الذابلة لتعجّلي بميلادٍ جديد..

وبسحر هذا الشعر ، بعثري كلماتي

، كالرماد وشرار النار من موقد مسجور،

بعثريها بين الناس،

كوني، انطلقي من شفتيَّ

مزمارَ نبوءةٍ إلى أرض تغط في النوم

أيتها الريح..

إن جاء الشتاء

أيبقى الربيعُ بعيدا خلفه؟

* *

ألفرد تنيسون

---

9 - ألفرد تنيسون/ Alfred Tennyson
1809–1892 أحد أهم الشعراء الإنكليز، وشاعر البلاط الملكي في عهده،
يمتاز شعره برقة التصوير ورشاقة الموسيقى، وبالكآبة الطاغية عليه،
جل أعماله المتميزة، أو كثير منها على الأقل، كانت في رثاء صديقه هالام،
، من أهم أعماله الشعرية تكسّر تكسر تكسر،الكتيبة الخفيفة، عبور المرفأ، دموع فاترة، أوليسيوس،
ذكرى ..الخ

عبور المرفأ

ذاك الغروب

و نجم المساء

قد أزفت ساعة الرحيل

لا همعت عين المرفأ

لرحيلي..

كأن الموج وهو يسافر في المدى نائم

عن الصخب والزبد

عن عودة الموج العائد من أعماق البحر

إلى الشاطئ..

ذاك الغسق وتلك أجراس المساء

وبعدها يحل الظلام

لا اكتأب لوداعي أحد

حين ركوبيَ البحر..

قد يحملنا المد بعيدا

عن زماننا، عن مكاننا

غير أنني

أتمنى أن أرى الملاح وجها لوجه

لدى عبوري المرفأ..

تكسر تكسر تكسر ..

انكسر و انكسر و انكسر

أيهذا البحر
على صخورك الشهباء الباردة
ليت لساني يسطيع مثلك أن يبسط
ما يجيش به فؤادي من فِكَر

طوبى لابن الصياد
يلعب مع أُخيّته وقد تعالى صياحهما
واها لابن النوتي
يغني في قاربه الراسي بالخليج

تعبر السفن الجليلة
إلى مرفئها تحت التلة
آه ..لولا لمسة تلاشت .. ليد غائبة
و نغمة صوت قد صمت إلى الأبد

فانكسر و انكسر و انكسر
على أقدام صخورك المتكسرة أيهذا البحر
فما ناعم الهناء ليوم مضى و تولى
بعائد إليّ يوما

* *

إدموند سبنسر

10ـ إدموند سبنسر شاعر إنجليزي ولد سنة 1552 و توفي سنة 1599، من أشهر أعماله ملكة الجن Faerie Queene

أغنيّة

في هدأة النهار

و ارتعاشة النسائم

أرسلت رياح الغرب الشذية

نفحة طيبة

أزاحت

لمسة أشعة الشمس الحارقة

التي راحت تتلألأ

في ألق

و عندما انتابني الضجر

لطول مكثي ببلاط الأمير

و لانتظاري بلا جدوى

و تعلقي بآمال خائبة

لا زالت تتطاير

كالخيالات الفارغة

بذهني المشتت

مشيت ،لأخفف من وطأة الخيبة،

بطول شاطئ نهر التايمز

الفضي المنساب

،ضفته التي ارتسمت عليها مسالك العربات

و الماء يلامس حوافها

قد تزينت بالأزهار من كل لون

و أحاطت بها المروج المرصعة بالجواهر الكريمة

التي تليق

زينة لمخدع الغانيات

أو لتكلل رفقاءهن

يوم الزفاف

الذي لا يدوم طويلا

فانسب يا نهر التايمز العذب،

انسب برفق، حتى أكمل أغنيتي

هناك في مرج

قرب حافة النهر

لمحت سربا من الحوريات

بنات الماء الحسناوات

شعرهن المائل إلى الأخضر

ينداح طليقا

فكل واحدة منهن كانت عروسا

و بيد كل منهن سلة

ضفرت من أغصان جميلة

ملساء

مشتبكة الأماليد غريبة المظهر

يجمعن فيها الورد

وبأصابع ناعمة

تقصف بلطف

سيقان الورد الرقيقة

لتقطف

أصنافا من زهر المرج

جمعن بعض البنفسج الأزرق الشاحب

الذي يغمض أجفانه للمسة المساء

الزنابق العذراء و أزهار الربيع

و مجموعة من الورد القرمزي

لتزين بها باقات العرسان

يوم الزفاف

الذي لم يدم طويلا

فانسب يا نهر التايمز العذب،

انسب برفق، حتى أ كمل أغنيتي

ت. اس. إليوت

11- توماس ستيرنز إليوت (1888 ـ 1965)، المعروف اختصارا بتي. إس. إليوت، شاعرًا وناقد أمريكي المنشأ استقر في المملكة المتحدة حيث اشتهر وذاع صيته. عرف إليوت بأعماله الشعرية العميقة التي ضمنها تأملات دينية وفلسفية وثقافية. لاقت قصائده على قلتها صدى واسعا لامتيازها بالتأمل والرمزية، من أشهر أعماله أغنية العاشق بروفروك، الأرض الخراب و أربعاء الرماد. حصل إليوت على جائزة نوبل في الأدب في عام 1948 . .خلف الشاعر إرثًا ثقافيًا هائلًا من خلال أعماله الشعرية والنقدية التي استمر تأثيرها في الأدب العالمي حتى اليوم.

مقتطف من قصيدة الأرض الخراب

لعبة شطرنج

كان الكرسي الذي جلستْ عليه، كالعرش المنمق

ينعكس ألقه على المرمر

حيث المرآة، تحملها أعمدة نقشت فيها

كروم تتدلى عناقيدها

أطل منها ملاك ذهبي

وآخرُ حجب عينيه بجناحه.

ضاعفت المرآة شُعَل

الشمعدان ذي الأغصان السبعة

انصب النور منها على المائدة

فتسامى بريق حليها ليلقاه

تسامى منسكبا من حقائب الحرير

وافرَ الألق وثيرَ الاندفاق...

من قواريرَ عاجيةٍ وزجاجيةٍ ملونة فاغرةِ الأفواه

فاحت عطورها الممزوجة

مرهميةً ، مسحوقةً ، سائلةً ، مضطربةً ... حائرة

تُغرق الحواس في الروائح، ينشرها الهواءُ

إذ يهب عليلا من النافذة.

تصاعدتْ

تنفخ شعلَ الشموع المتطاولة

قذفت بدخانها إلى السقف الخشبي

باعثة الحياة في أشكاله المنحوتة:

أعشاب بحرية ضخمة مشبعة بالنحاس

المصهور أخضرَ وبرتقالياً .. يحفه حجر ملون

وفي ذلك النور التعس يسبح دلفين منحوت.

وفوق الرف العتيق على المدفأة ..

، و كأن نافذة أشرعت على منظر في الغابة، كان

مشهد

اغتصاب الملك البربري فيلوميلا

بكل فظاظته

وحتى هناك ملأ البلبل الصحراء بصوت لا ينتهك

...

و..بكت وبكت

ويتابع العالم، لا يزال،

" زق زق " لآذان قذرة.

حكت الجدران

أشكالا خشبية أخرى من الزمن،

أشكالا ذاوية،

تحدق، تبرز عن محيطها،

تميل

تطبق الصمتَ على الغرفة.

تَردّدَ صدى خطى متثاقلة على السلم.

تحت وهج الموقد، تحت ملمس المشط

تطايرت خصلات شعرها

حبيباتِ سنا

توهجت كالكلمات

ثم غرقت في سكون موحش.

* * *

مقتطف من أربعاء الرماد

هي ذي السنين تمر حاملة

معها الربابات و المزامير، باعثة

تلك التي تدب في الزمن الممتد بين وقت

الهجوع

و حين الحراك،

ملتحفةً بالنور الأبيض انتطقت به ثنايا

تمضي الأعوام الحديثة، تبعثُ

في غشاوة من الدموع وضيئة، الأعوامَ،

القافية العتيقة في نظم جديد،

تُعْتق الزمن،

ترسل الرؤيا العصية على التأويل

في الحلم العُلوي

فيما تقترب مخلوقات أحادي القرن المرصّعة

من العرش المذَهّب.

الراهبة القانتة ذات النقاب الأبيض و الأسود

ثاوية بين أشجار الطقسوس

خلف إله الحديقة الذي سكنت أنفاس نايه

أشارت بلمحة منها، غير أنها لم تنبس ببنت

شفة..

لكنّ النبع جاش

و الطائر شدا

لينعتق الزمن، لينبعث الحلم

أمارة كلمة ظلت حبيسة الفؤاد، غير منبوسة

حتّى تنثر الريح آلاف الهمسات من شجر

الطقسوس

و لنا بعد ذلك المنفى.

مارينا

أيُّ بحار، أيّ شواطئ، أيةِ صخورٍ شهباءَ

و أيّةِ جزائرَ تلكِ؟

ماءٌ يرتطم بحيزوم السفين،

أريجُ الصنوبر و غناءُ طائر السمنة المغرد ..

أيُّ صور هذه التي تعود إليّ الآن يا بنَيّة؟

أولئك الذين يشحذون ناب الكلب، الرّدى

يقصدون

أولئك الذين يُحلّقون كالطائر الطنّان في مجده،

الردى يقصدون

أولئك القابعون في مرتع الرضى، الردى يقصدون

أولئك الذين يكابدون وجع الجسد، الردى يقصدون

صاروا أخيلة توهيها الرياح

نفحُ الصنوبر هي و أغنيّة الضباب في الغاب

تحت هذه اللمسة الناعمة اضمحلّتْ لتوّها

ما هذا الوجه المغتمّ، الوضاح

ما ذاك النبض أجسّه بساعدي أوهن و أقوى؟

أممنوح هو أم معار؟

و هو الأبعد من النجوم و الأقرب إلى البصر.

الهمسات و الضحكات بين أوراق الشجر

و الخطى الحثيثة

تحت الكرى أين يلتقي الماء و الماء.

انشقّ صاري السفينة للمسة الجليد

تشقق الطلاء تحت لسعة الحر

أنا من صنع هذا، قد نسيت

و ها أنا أتذكر

الحبال الضعيفة و القلوع المهترئة البالية.

بين أحد أشهر حزيران و و شهر آخر من أشهر

أيلول

جعلت من هذا الغافل، الذي يكاد يعي، الخامل

صنيعتي،

يتسرب الماء من الأخشاب،

و تحتاج طيات الأشرعة إلى ترقيع

هذا الهيكل هذا الوجه، هذه الحياة

يعيشون ليحيوا في عالم من الزمن قدّامي

دعيني أستبدل بحياتي هذه تلكِ الحياة،

كلامي بذاك الذي لم يقل،

الشفاه الفاغرة، الأيقاظ، الأمل، و السفائن الجديدة.

أي بحار، أي شواطئ، أية جزر صخرية قبالة

قاربي الخشبي

طائر السمنة المغرد ينادي من خلال الضباب

يا بنيّة.

www.ingramcontent.com/pod-product-compliance
Lightning Source LLC
LaVergne TN
LVHW010503160826
845677LV00012B/2624